CATÉCHISME

POLITIQUE.

CATÉCHISME

POLITIQUE,

FONDÉ SUR LES MAXIMES DES LÉGISLATEURS

ANCIENS ET MODERNES ;

Par M. GALLET.

A PARIS,

C. J. TROUVÉ, IMPRIMEUR-LIBRAIRE,

RUE NEUVE-SAINT-AUGUSTIN, N° 17.

1822.

TABLE DES CHAPITRES.

PRÉFACE.

L ES erreurs et les agitations inouies de l'opinion, qui sont nées de l'ignorance du peuple, concernant ses droits et ses devoirs, qui ont suspendu jusqu'à ce jour le triomphe des lois, détruit les rapports de la nation avec le Gouvernement, ainsi que les liens moraux qui unissent naturellement les membres de l'Etat entr'eux et ont empêché, en France, l'établissement d'un véritable esprit public, sauve-garde des destinées d'un peuple; les maux incalculables du passé, qui eurent pour cause cette ignorance ceux du présent, et enfin ceux encore plus grands que l'avenir fait présager; le mal public, qui a sa source dans le désordre civil et politique, devant empirer, puisque les passions ont pris le plus grand essor et ne peuvent être réfrénées que lorsque la nation ne pourra plus être abusée par les ambitieux ; ces motifs font entrevoir l'indispensable nécessité de l'éclairer sans délai sur les grands intérêts de la politique.

En observant l'impuissance des écrivains modernes pour former cette instruction ; leurs nombreux et volumineux écrits, où les principes sont pour ainsi dire noyés dans un amas d'opinions qui tiennent à des théories inexécutables, ayant accru la confusion au lieu de la détruire, nous nous sommes convaincus qu'il n'y a qu'un moyen pour opérer cette instruction, c'est de présenter au peuple les principes, dégagés de tout entourage d'autorité et de raisonnemens, et avec la plus extrême simplicité ; et nous avons jugé, sans doute avec raison, qu'on ne pouvait exciter sa confiance et rendre les principes respectables à ses yeux que lorsqu'on les lui montrerait comme les fruits de la sagesse de l'antiquité et des temps modernes, et non comme les opinions, toujours incertaines, d'un seul écrivain.

Entraînés par ces considérations, nous avons puisé aux sources que nous venons d'indiquer, et nous avons tâché de présen-

ter méthodiquement, et avec le plus de brié-
veté, de clarté et de simplicité possibles,
la doctrine que la nation doit connaître pour
régler ses actions politiques et civiles.

Il n'entrait pas dans notre sujet, dès que
le Gouvernement est institué, de traiter
d'aucun des moyens qui ont rapport à sa formation, à la nature des constitutions, et
enfin à son organisation artificielle, fondamentale ou secondaire : ces objets regardent
le législateur et non le peuple ; d'ailleurs,
d'après les longs et orageux débats que leur
discussion a occasionnés, et l'incertitude qui
existe sur la réalité de leurs avantages, ces
systèmes divers n'ayant point encore de bases fixes, il nous a paru non-seulement inu-
tile, mais même dangereux de les reproduire.
L'existence et l'influence naturelle des principes primordiaux, leurs rapports avec le
Gouvernement en général, dont ils sont les
fondemens, ainsi que celui des lois, les règles, tant morales que politiques et civiles,
d'après lesquelles se dirige l'administration
suprême d'un État ; enfin, la connaissance
du Gouvernement existant, celle de ses
droits et de ses devoirs, et la juste appré-

ciation de ceux du peuple : voilà les lumières que nous semble devoir posséder la généralité des citoyens , et c'est dans ce cercle que je me suis circonscrit.

CATÉCHISME

POLITIQUE.

Nous devons remonter au pacte naturel, pour trouver les fondemens du pacte social, et par là même les règles principales des Gouvernemens.

CHAPITRE PREMIER.

De l'union primitive, et de l'association humaine.

DEMANDE. QUEL est le principe de l'union des hommes?

RÉPONSE. Dieu est le principe de cette union, comme auteur de leur être; l'amour que tous lui doivent, la fraternité qu'il établit entre eux, la dépendance de l'homme à la Divinité, déterminée par ces premiers rapports, et la garantie que sa puissance suprême leur donne, sont le fondement et les appuis du pacte naturel et du pacte social.

Dès-lors Dieu a été l'objet et la fin de tous les hommes, le lien qui les attache à la société ; dès-lors les principes dont il est la source, c'est-à-dire la raison et l'équité, ont dû être les régulateurs sacrés et invariables des opinions des hommes et de leurs actions, soit naturelles, soit sociales ; et dès-lors la religion et la justice, qui établissent les rapports de la raison divine avec la raison humaine, ont fait découler, par une double voie, de la Divinité les vertus nécessaires aux hommes pour vivre en société et se bien gouverner. Sans l'existence et l'action de ces principes, il n'y aurait point eu d'harmonie ni de lien parmi les hommes, la société aurait été sans origine, une indépendance morale absolue aurait constitué la volonté des hommes, les passions auraient été ses uniques régulateurs, et l'union sociale n'aurait pu être formée *.

D. Ces deux bases étant établies, purent-elles, par leur seule influence morale, servir de règle et de lien à la société ?

---

* Nous allons, dans cette note, donner quelques développemens au grand principe primordial, à cause de sa grande importance.

Dès qu'on est convaincu que l'homme est né dépendant de la Divinité, et que sa raison est une émanation de la raison divine elle-même, toutes les lois et tous les principes qui dérivent d'une manière certaine de cette raison, ont un appui invariable aux yeux de tous, leur carac-

R. Les hommes étant nés avec des passions, la loi de nature assurant leur indépendance sous le rapport physique, et leur rendant la possession des biens de la terre commune, il fallut, pour assurer l'existence et l'harmonie de la société, former une union plus absolue dans ses effets, et, par l'intervention de la puissance humaine ou physique, corriger la loi de nature, et déterminer, par cette puissance, l'influence et l'action des principes qui constituent le pacte de l'homme avec la Divinité, et qui ont pour but la conservation de la société : de là, la création du Gouvernement.

tère devient même sacré, et les hommes ne peuvent avoir une volonté fondée de s'en affranchir. Alors il n'existe plus de doutes sur l'influence de la religion, puisqu'elle représente la raison, qui émane directement de Dieu. En outre, lorsqu'on reconnaît que la religion est la base de l'union sociale et de l'harmonie parmi les hommes, qu'elle est la source de toutes les vertus particulières, et qu'elle exerce son influence même à l'égard des intérêts physiques, on la voit inhérente à la société dse peuples et à l'existence des Gouvernemens.

CHAPITRE II.

Principes fondamentaux du Gouvernement.

D. Expliquez - nous quelle est la nature du Gouvernement ?

R. Le Gouvernement, dans son essence, complète l'association humaine : il règle la conduite des peuples, les rallie par leurs intérêts divers, oppose la borne à leurs excès, et protége leur existence et leurs droits communs. Les principes moraux, qui sont les sources de tous les biens émanant du pacte naturel et les liens particuliers de l'association humaine, ont été les régulateurs naturels et les garans de la puissance physique; ils sont devenus constitutifs pour les Gouvernemens; et dès-lors leur influence sur les lois des États a dû être positive, permanente et générale.

D. Est-ce seulement relativement aux lois fondamentales des États que cette influence existe?

R. Les lois secondaires, et même celles qu'on nomme artificielles, ont dû se subordonner à ces lois primitives, parce que, sans cela, la grande chaîne des principes est rompue; parce que, dès-lors, le pacte naturel est borné dans ses effets, et parce que l'harmonie ne peut exister si les principes d'un système quelconque ne sont en accord ; parce que, sans cela, tout est confusion et désordre, parce que l'anarchie politique est l'effet de l'anarchie morale, que fait toujours naître l'opposition dans les principes ; et parce que cette opposition détruit la favorable influence de ceux qui ont pour objet la conservation. Ce n'est, enfin, que le rapport parfait de toutes les actions collectives des hommes avec les principes constitutifs qui peut mettre en harmonie les pactes sociaux avec le pacte naturel, assurer l'union et la paix, et constituer la légitimité d'un Gouvernement ; c'est-à-dire, son droit réel et son action utile aux yeux de la Divinité et des hommes.

D. Expliquez-nous plus particulièrement quel est le but et l'organisation du Gouvernement ?

R. Le Gouvernement forme l'union d'un peuple, lorsque, chacun renonçant à sa volonté, il la transporte et la réunit à celle du prince ou des corps divers que la constitution investit de la puissance suprême, et lorsqu'il remet en leurs mains sa force individuelle pour maintenir la sûreté commune. C'est, on peut dire, un colosse de grandeur, puisque cette grandeur particulière est formée de tous les élémens de la grandeur commune; sa force est transcendante et invincible, puisqu'elle est constituée de la force de la nation entière, qui se soumet à l'obéissance envers l'administration suprême. Dès que le Gouvernement est ainsi réglé, et que la volonté générale a constitué la loi, on n'a point à craindre les abus de la violence et de l'oppression, puisque le Gouvernement possède la force pour les réprimer; alors la fortune, la vie et le repos des citoyens sont à l'abri, et le Gouvernement a toujours intérêt de tout protéger, puisque sans cela il perdrait sa propre force, et que si des puissances nouvelles s'élevaient dans l'État, sa propre existence serait en péril. Enfin, dès que l'autorité du Gouvernement est fondée sur les lois, elle est inattaquable et transcendante dans son influence.

D. Qu'est-ce qui détermine la régularité et l'action utile du Gouvernement?

R. La puissance souveraine de la loi, à laquelle le prince ou le Gouvernement est soumis comme les citoyens; puissance que le Gouvernement doit respecter, puisque ce respect seul peut le rendre fondamentalement légitime.

D. Existe-t-il des Gouvernemens illégitimes?

R. Oui, dans ceux qu'on a nommés arbitraires;

c'est-à-dire ceux où la volonté et les caprices du prince sont érigés en lois, comme on le voit dans des États absolument despotiques; et cette sorte de Gouvernement est injuste et barbare, parce qu'il viole les lois primitives, bases de la constitution des empires, et parce qu'il est en opposition au principe que le Gouvernement, par sa nature, est essentiellement paternel, et qu'il est établi pour affranchir les hommes de toute oppression et de toute violence.

CHAPITRE III.

Lois.

D. COMMENT faites-vous la distinction des lois?

R. Elles se divisent en fondamentales, politiques et civiles. Les premières servent de bases à la constitution matérielle ou physique des États, quelles que soient leurs formes, et deviennent les types, en ce qui concerne l'organisation de toutes les lois ou réglemens secondaires : ce sont proprement les règles de la constitution.

Les lois politiques établissent les relations entre le peuple et le Gouvernement, et forment le développement des lois constitutives, en ce qui a rapport à l'ordre général et à l'action de ce dernier; enfin, les lois civiles forment les rapports des membres du peuple entr'eux et avec le corps entier.

D. Quel est leur but spécial ?

R. Elles règlent le droit public et particulier,

unissent le droit et le devoir, et ramènent tout
à la justice, qui est leur objet. Les lois civiles
ont pour première base le principe qui dérive
naturellement de la raison et de l'équité, celui
de ne pas faire à autrui ce que nous ne voudrions
pas qui nous fût fait. Ce principe forme le juste
fondement des châtimens, et règle aussi les lois
criminelles. Enfin la loi, en général, étant fondée
sur la loi de nature, l'intégrité entre dans son
essence, et elle la conserve au milieu de la corruption. Nous ajouterons que l'immutabilité est
aussi dans le caractère des lois. Voilà pourquoi
les peuples les ont établies de tout temps dans
des codes invariables; il n'est que celles d'administration secondaire, qu'on peut regarder
comme de simples réglemens artificiels, qui
soient sujètes aux mutations, parce qu'elles ne
sont point réglées exclusivement par les lois
naturelles, et parce qu'elles suivent la marche
des événemens et des mœurs.

D. Quels sont les effets distinctifs des lois?

R. D'égaler tout le monde, en sorte qu'aucun,
quelles que soient d'ailleurs sa puissance, sa
dignité et sa fortune, n'ait devant elles que le
droit de la justice. C'est là ce qu'on a nommé
égalité politique, et c'est la seule qui puisse exister, puisque l'inégalité de rang, de fortune, de
dignité, a totalement détruit le principe de l'é-

galité naturelle dans toutes les classes, depuis la naissance des sociétés. Enfin, cette inégalité est pour ainsi dire inhérente à l'association humaine.

D. Ne sont-ce pas aussi les lois qui assurent la liberté du peuple?

R. Le peuple est en état de liberté lorsque les lois sont exécutées et respectées, cette liberté ne pouvant se composer que de la protection qu'accordent les lois à la vie et à la fortune des citoyens. Les lois constituent la liberté particulière, en mettant à exécution la volonté générale, composée de celle de chaque individu de l'État. Sous le Gouvernement légitime, qui est seulement celui où les lois sont légitimes elles-mêmes et exercent leur empire et leur influence, cette liberté est la plus parfaite*. Il ne peut point exister d'autres libertés pour un peuple. Sans cela, il faudrait détruire le principe de l'har-

---

* Sous la république, sous la démocratie même, le peuple étant forcé à la soumission aux lois, ne possède point fondamentalement une plus grande portion de liberté que sous la monarchie. Ce qu'il nomme liberté se trouve dans le droit qu'autorise la loi elle-même ; mais ce droit ne peut, dans tous les cas, avoir rapport qu'à la partie artificielle du Gouvernement ; et l'expérience de tous les temps, de Sparte même, a prouvé que les principes de cette sorte de Gouvernement devenaient, par leur nature, arbitraires et tyranniques ; qu'ils étaient opposés aux véritables maximes du Gouvernement légitime, et, par cette raison, inexécutables ou funestes.

monie fondamentale de tout Gouvernement, que nous avons dit déposer toutes les volontés particulières et toute la force de l'État dans les mains du prince ou de l'administration suprême; et il faudrait anéantir les bases principales du Gouvernement légitime, qui exige impérieusement le maintien de l'ordre et oppose le frein à toutes les passions.

CHAPITRE IV.

De l'amour de la patrie.

D. Comment définissez-vous l'amour de là patrie ?

R. L'amour de la patrie, que l'on confond trop souvent avec l'amour pour la terre natale, à laquelle on tient par habitude, a une autre influence et un autre fondement : il se rapporte, moralement et physiquement, aux avantages de la société dans laquelle on vit, et dans cet amour se confondent tous nos intérêts, ainsi que ceux de nos familles.

D. Quels sont les avantages qu'il procure ?

R. Ils sont incalculables. Ce sentiment maintient l'ordre, l'union parmi les citoyens. Son effet principal est d'attacher le peuple à l'État, et l'on peut dire que cet amour n'a point lieu sans ce ralliement de la volonté particulière à celle de l'État. Enfin, le bien, le repos, la sûreté des membres d'un peuple, et tout ce qu'ils ont de précieux les unissent avec leur patrie. Son intérêt ne pouvant être que le leur., cet amour et ce dévouement pour elle ne peuvent être que naturels : le soin de sa défense et de sa prospérité devient, d'après cela, un besoin pour tous, et on doit lui sacrifier sa fortune et sa vie.

D. D'après le sublime caractère de cet amour, il doit être la source des grandes vertus et des grandes actions, et un appui réel pour les Gouvernemens ?

R. Chez un peuple qui a conservé des mœurs et des vertus, il opère à chaque instant des prodiges. Ces dévouemens sublimes ont existé dans tous les temps et dans tous les pays *. Cet amour, en considérant ses rapports avec les principes naturels et la généralité de son influence, peut seul servir de base au Gouvernement légitime, et il complète le bonheur d'un peuple.

Je dois ajouter que, tous les devoirs principaux des citoyens se trouvant réunis dans cet amour, lorsqu'il existe, ces devoirs deviennent faciles, et sont fidèlement remplis.

Le droit des gens tenant, par les différens rapports, au système particulier du Gouverne-

---

* Tous les beaux faits des Spartiates, des Athéniens, des Thébains, etc. eurent, dans l'antiquité, l'amour de la patrie pour base ; l'Empire romain lui dut long-temps sa conservation : c'est lui qui détermina le désintéressement des Phocion, des Aristide, des Camille, des Epaminondas, des Léonidas, etc.

ment, puisqu'il embrasse la partie externe des États, nous avons considéré cet objet comme formant la matière d'un écrit d'une autre nature*; cependant nous observerons que les grands principes consacrés dans ce Catéchisme s'appliquent naturellement aux actions des peuples, quant à la fraternité, à l'union et au respect qui doivent régner entr'eux. Les lois primitives, qui servent de base à tous les systèmes, leur imposent la bonne foi, la loyauté, et leur commandent une protection réciproque dans toutes leurs relations.

* Le droit des gens a des rapports si nombreux et si étendus, qu'il serait impossible de faire bien connaître la force, l'action et l'utilité de ce grand principe, qui sert de base au droit public général et de règle à la société des peuples, dans un ouvrage circonscrit, et qui d'ailleurs est borné aux notions utiles aux simples citoyens.

CHAPITRE V.

Du culte, ou de la religion des États.

D. Comment doit-on envisager le culte, et quelles sont ses bases ?

R. L'établissement du culte est un effet de celui de la religion, dès qu'elle est reconnue pour base constitutive des États, ou plutôt c'est le principe d'organisation de cette grande loi naturelle et politique.

D. Comment le culte contenant des règles purement morales, a-t-il pu entrer dans la partie organisatrice des Gouvernemens, et s'allier directement avec la politique, qui n'a pour objet que l'intérêt physique des hommes?

R. Nous avons dit que Dieu était le principe de l'association humaine et le garant de la légitimité des Gouvernemens; nous avons fait voir que la morale influe directement sur les passions et les actions physiques des hommes : le culte est donc institué pour rappeler aux hommes leurs devoirs envers la Divinité et envers eux-mêmes. Il lui est réservé d'être le perpétuel proclamateur du pacte de l'homme avec la Divinité; et, par là même, de réclamer l'exécution des grands principes qui constituent ce pacte. Le respect et l'obéissance aux lois, l'autorité du prince, le sentiment de la patrie, le droit des gens, enfin, tout ce qui sert à former l'union, à maintenir l'ordre et la paix parmi les citoyens et parmi les peuples; tous ces objets sont dans les attributions du culte. C'est par là qu'il s'unit essentiellement aux principes fondamentaux des Gouvernemens, et qu'il devient indispensable dans l'organisation de ces derniers.

D. Vous avez dit que tous les peuples civilisés avaient reconnu les avantages de la religion primordiale, mais reconnurent-ils la nécessité absolue d'un culte particulier?

R. J'ai répondu à cette question en observant que la religion gouverna les premières sociétés, et je répète qu'il n'a pas existé un seul peuple chez lequel le culte n'ait été établi. En ouvrant l'histoire, on y voit les nations célèbres et les plus renommées par leur sagesse; telles que les Egyptiens, les Grecs, les Romains, non-seulement autoriser le culte, mais le lier indissolublement à la politique de l'État.

D. Mais la croyance de ces peuples n'étant pas

la même, et la plus grande dissemblance existant dans leurs opinions, comment ces cultes divers ont-ils pu agir avec succès sur la politique?

R. Cette question est vaste et très-importante. Le culte, envisagé sous le rapport primitif et universel, a une unité générale pour tout les peuples et pour toutes les sectes, puisque la religion primordiale, qui est la base de tous, en se bornant à reconnaître la Divinité et son influence morale sur les hommes, est fondamentalement étrangère aux croyances particulières. D'après cela, cette religion, ou si l'on veut le culte général, a opéré avantageusement et directement sur la politique, en maintenant le pacte qui détermine à-la-fois l'union particulière et l'union universelle.

D. Expliquez plus positivement quels sont les droits du culte dans un État, et son influence particulière dans le Gouvernement?

R. Le culte tenant uniquement à la spiritualité, et n'agissant que sous le rapport moral, ne peut avoir une influence positive relativement à la constitution physique ou matérielle des États. C'est ce qui a été nommé, notamment par *Bossuet*, la division du pouvoir temporel et spirituel. Écoutez la définition que cet illustre prélat, ce savant politique, fait de ces droits.

« Le sacerdoce et l'empire sont deux puis-

sances indépendantes, mais unies. Le sacerdoce dans le spirituel, et l'empire dans le temporel, ne relèvent que de Dieu. L'ordre ecclésiastique reconnaît l'empire dans le temporel, comme le prince ou le Gouvernement dans le spirituel se reconnaissent humbles enfans de l'Eglise. Tout le monde roule sur ces deux puissances ».

Voilà une définition précise, une règle sûre pour les Gouvernemens. Ce principe étant adopté, le culte ne peut influer sur l'action physique de l'administration; il laisse aux lois politiques et civiles toute leur indépendance et toute leur force. Le culte n'agit alors sur la politique que dans son sens naturel et favorable, et une religion dominante peut être établie et triomphante, sans qu'on ait à redouter l'intolérance et l'oppression *.

---

* Ce que nous exposons ici est indispensable pour ôter au pyrrhonisme et à l'impiété ambitieuse leurs plus fortes armes. La fausse interprétation de cette grande maxime d'organisation, a été la source de toutes les erreurs et de tous les maux, notamment depuis un siècle. C'est elle qui fait méconnaître encore l'utile influence de la religion par une infinité d'hommes. Elle est cause qu'on attribue au sacerdoce, que les lois renferment uniquement dans le cercle de la spiritualité, des prétentions politiques étrangères à ses attributions; et en envisageant sous un point de vue plus étendu cette grande erreur, on voit qu'elle a occasionné les haines entre les sectes différentes et la division des Églises européennes, situation qui nuit essentiellement à l'harmonie politique générale et à l'union universelle.

D. Dites-nous qu'est-ce qui a déterminé spécialement, dans tous les États anciens et modernes, l'établissement d'une religion dominante?

R. Le but qu'on a eu en fondant la religion dominante dans les États, a été de donner plus de force, de puissance et d'action au principe constitutif de la religion. La protection absolue que le culte dominant reçoit du Gouvernement, et l'appui que le sacerdoce trouve dans ce dernier, sont propres à opérer ces effets. D'un autre côté, on semble avoir voulu constituer, par l'établissement d'un culte dominant, l'unité dans la morale des peuples soumis à la même domination, en se réglant sur le grand principe de l'ordre auquel cette unité donne évidemment la plus grande force. On peut aussi regarder cette adoption comme une consécration solennelle que les peuples et les Gouvernemens ont faite du grand principe qui forme le pacte primitif.

D. Quelles sont les règles relatives au maintien de ce culte et aux devoirs du sacerdoce?

R. La religion de l'État étant devenue une de ses bases fondamentales, elle est aussi immuable que la constitution de l'État. Quant au sacerdoce, les plus grands devoirs lui étant imposés, puisqu'il est le conservateur de la morale publique, et puisque son but naturel est de faire révérer la religion par tous, il est asservi, dans les individus qui le composent, à la loi de police du Gouvernement, premier conservateur lui-même du respect que tous doivent à la religion de l'État. Les autres devoirs des prêtres tiennent uniquement à la spiritualité, que nous avons dit être indépendante du Gouvernement et de tout pouvoir humain; et ils ne relèvent, quant à leur discipline, que de leur chef ecclésiastique.

J'ajouterai que l'existence du culte dominant assure l'obéissance des sujets, en forçant le respect pour la religion; car il est dans la nature du peuple de révérer ce qu'il voit protégé spécialement par son Gouvernement.

CHAPITRE VI.

Législation et règles de la justice.

D. Vous nous avez fait connaître l'esprit et le but des lois diverses; expliquez-nous maintenant ce que c'est que législation, et quelles sont ses régles?

R. La législation a son premier rapport dans la création des lois, soit par le conseil du prince dans la monarchie, soit par des sénats, conseils, agissant ou non agissant avec le Gouvernement, dans les monarchies mixtes; et je nomme cette législation fondamentale. La législation particulière est ce qui forme la justice exécutrice; c'est-à-dire, celle qui détermine les jugemens qui font l'application des lois aux affaires, tant sous le rapport civil, que politique et criminel.

D. Quelles sont les régles générales de la justice exécutrice?

R. Entrant dans la nature primitive de la loi et s'établissant sur les mêmes bases, cette législation a pour but de faire triompher l'équité dans tout ce qui concerne les intérêts de la société, de protéger l'innocence contre le crime, et de poursuivre ce dernier comme le destructeur de l'ordre, de l'harmonie sociale et du droit légitime. Ses règles reposent sur la prudence, la fermeté et la constance.

D. Montrez - nous les effets de ces principes moraux?

R. La fermeté fait que la législation n'est point inégale, et qu'elle n'est point entraînée vers l'injustice; et elle l'investit, pour le triomphe de l'équité, de cette force puissante et invincible qu'elle trouve dans son institution primitive. La fermeté et la constance facilitent son exercice; cette dernière l'affermit dans ses maximes, et empêche qu'elle ne soit bizarre et déréglée. La prudence éclaire la justice, et c'est elle qui lui fait connaître le vrai et le faux, connaissance sans laquelle elle est aveugle.

D. Ces règles morales servent donc de fondement à la conduite publique et aux devoirs des magistrats?

R. Oui; et la justice ne peut être équitable si le magistrat n'est ferme, prudent et invariable dans ses principes et dans ses sentimens. Sa prudence seule, au défaut des autres vertus qui doivent composer son noble et imposant caractère, le rend inaccessible à la corruption et à l'influence de la prévention et de l'esprit de parti, en lui montrant les conséquences de ces vices pour l'intérêt de la société générale et pour celui auquel tient sa gloire. A l'appui de la prudence, le magistrat, dont le caractère est naturellement sévère, ne confond point cette fermeté avec la roideur, qui fait qu'on cherche des torts où il n'y en a point; elle empêche enfin que le magistrat vertueux ne s'abandonne à ce faux zèle, qui, pour ne pas laisser des vices impunis, en charge souvent l'innocent, et lui montre, dans ces deux cas, la justice comme une véritable oppression. Le magistrat ne doit jamais oublier que la douceur s'unit, pour le triomphe de la raison et de l'humanité, à la justice, et que l'adoucissement de la rigueur, en quelques occasions, a l'effet d'empêcher qu'elle ne paraisse insupportable; il ne doit pas, enfin, perdre de vue que la clémence donne à la justice, dans le moment où elle frappe, cette douceur paternelle qui est inhérente au Gouvernement légitime.

Si le magistrat s'écarte de ces principes divers, sources des autres vertus qu'il doit nécessairement posséder, il se met en opposition avec ses devoirs, et il devient alors non l'appui, mais l'oppresseur de l'État.

D. L'attribution des magistrats législateurs

étant immense, comme participant eux-mêmes à la formation de la loi, leurs devoirs doivent être bien plus grands.

R. Le magistrat législateur a, pour type de ses opinions et des lois qu'il propose, les grands principes constitutifs, comme le magistrat chargé de l'application et de l'exécution des lois; mais ce premier, qui participe directement à leur formation, a des devoirs bien plus étendus; l'ordre et l'harmonie sont, pour ainsi dire, en ses mains, et son but naturel est de mettre les lois en analogie avec les principes du Gouvernement légitime. Il faut qu'il se place dans un isolement plus absolu de lui-même que les autres magistrats; il doit être impassible dans ses passions, comme doit l'être la loi qu'il doit créer; sa prudence, sa prévoyance et sa vigilance doivent être extrêmes, puisqu'il doit combiner et prévoir tout ce qui peut servir de base sûre à la loi; puisqu'il doit prévenir l'effet des passions diverses qu'elle peut exciter, et de celles qui peuvent lui porter atteinte ou en affaiblir l'influence. Ces qualités morales lui sont en outre nécessaires, pour qu'il puisse s'arrêter à la borne indiquée par la constitution. La raison du magistrat législateur doit être très-profonde et ses lumières très-vastes, pour qu'il puisse bien apprécier l'état des mœurs avec lesquelles il faut mettre les lois secondaires en accord; et il doit, enfin, posséder la plus grande sagesse, parce que ses devoirs sont en quelque sorte surhumains. C'est du plein exercice de ces devoirs que dépend le sort des empires, qui ne peuvent se soutenir s'ils ne possèdent un bon Gouvernement; ce qui n'existe que lorsque les magistrats suprêmes marchent à ce but.

CHAPITRE VII.

De l'état militaire.

D. Comment envisagez-vous l'état militaire, et quel est le but de son institution ?

R. La puissance militaire a été établie pour donner un appui aux lois, et pour former la garde et la défense de l'autorité ou du souverain, et celle de la patrie contre l'étranger. Sans cette puissance il n'y a point de Gouvernement, point de sûreté publique ni individuelle assurée, et l'État est, pour ainsi dire, livré au premier occupant. Les passions des hommes, qui les ont rendus turbulens, enclins à la révolte contre leurs Gouvernemens, et qui ont porté les nations à se nuire réciproquement, à s'abaisser et à se détruire, ont donné à cette puissance le plus grand but d'utilité et la plus grande importance dans son action et ses effets ; enfin, elle influe essentiellement sur le sort des États, en leur donnant des garanties contre les dan-

gers du dehors, et en assurant leur repos inté-
rieur.

D. Les mêmes passions des hommes, qui ont
porté à établir cette puissance, ne la rendent-
elles pas redoutable pour les États même qu'elle
protége, puisque ces passions peuvent animer
les guerriers qui la constituent?

R. Cette puissance peut être réellement redoutable, si elle n'est contenue dans les bornes
déterminées pour elle dans le Gouvernement réglé ou légitime. Plus les concessions qu'a faites
la patrie aux militaires sont étendues, plus leurs
devoirs doivent être grands. Ils sont en raison
de l'importance des droits que l'État leur a con-
fiés. Cette puissance ne peut, enfin, s'écarter
du principe qui lie indissolublement le citoyen
à l'État, et du dévouement qu'inspire l'amour
de la patrie au vrai citoyen.

D. Comment a-t-on déterminé la règle de ces
devoirs?

R. Il a fallu, à l'égard du militaire, que la
force morale de la loi fût telle, qu'elle surpassât
même en influence la force réelle que ce premier a en main : il est asservi à une obéissance
absolue concernant le Gouvernement. La plus
simple loi de discipline violée, le plus petit acte
d'insubordination devient un crime digne de
mort.

D. Cette extrême rigueur peut-elle être re-gardée comme entièrement légitime ?

R. Oui, parce que la plus simple négligence du soldat peut compromettre le sort de l'armée et de la patrie ; parce que le plus faible exemple d'insubordination générale peut détruire la li-berté publique et même anéantir l'État. Enfin, le militaire qui s'affranchit des lois de la subor-dination devient un être dangereux à l'État ; il trouble l'ordre public et il renverse l'égalité que la loi garantit à tous, puisque dans ce cas la loi est censée être sans puissance.

D. La même rigueur légale existe-t-elle à l'é-gard des officiers et de leurs chefs supérieurs ?

R. Pour que la garantie que cette puissance doit donner ait lieu, il faut que cette rigueur soit exercée avec vigilance dans toute la hiérarchie des officiers. C'est lorsque ceux-ci se sont affran-chis des lois de discipline, et lorsqu'ils se sont soustraits à la dépendance naturelle où ils sont à l'égard du Gouvernement, qu'on a vu les ré-voltes militaires dans les États et les révolutions qui en sont presque toujours la suite. Une gloire brillante et immortelle a été attachée par tous les peuples raisonnables à cette obéissance aux lois de la discipline et à la subordination, et cette gloire est supérieure à celle qui est l'effet de la simple bravoure dans les combats. Cette obéissance exclusive tient donc essentiellement à l'existence et à la gloire de l'état militaire.

D. Les Gouvernemens qui favorisent l'indiscipline des troupes, en mettant de la négligence à établir cette obéissance, sont donc de mauvais Gouvernemens?

R. Oui, parce qu'ils préparent leur propre perte avec celle de l'État.

D. Qu'observez-vous relativement aux autres devoirs du soldat?

R. Ils sont tous indiqués par ces premiers; ils doivent tous déterminer son obéissance passive, dans tous les travaux et dans tous les périls, et ils exigent l'abandon entier de sa vie, lorsque le Gouvernement le commande.

D. Quelles sont spécialement les règles du militaire pendant la guerre?

R. Elles tiennent encore toutes à l'exactitude de la discipline et à la subordination entière aux ordres du général. Les chefs particuliers qui combattent contre les ordres, lors même qu'il y a apparence de victoire, sont criminels; car l'action qui détermine une fois la victoire peut décider, dans mille autres cas, des défaites. Un chef, soit qu'il suive l'impulsion d'un zèle irréfléchi, soit qu'il agisse ainsi dans l'intention de se faire un nom, expose toujours son sort et celui de l'armée. Le général sait seul ce qui doit se faire, quelle force il faut déployer, dans quel moment il faut agir ; il connaît mieux, enfin, ce que peuvent faire les soldats qu'eux-mêmes.

D. Tels sont donc les principaux devoirs du militaire, et telle est la véritable source de la gloire ?

R. Voici ce qui la complète. Il y a des occasions où la gloire de mourir pour son pays vaut mieux que la victoire : ceux qui savent courir, pour leur pays, à une mort certaine, y laissent une réputation de valeur qui étonne l'étranger ; et, par ce moyen, ils sont plus utiles à leur patrie que s'ils étaient en vie ; alors ils possèdent la plus grande et la plus légitime gloire.

CHAPITRE VIII.

Du tribut.

D. QUELLE est la nature du tribut?

R. Dans tous les États, le peuple contribue aux charges publiques, et tout est subordonné au tribut dans l'organisation politique, puisque c'est par lui seul que se soutient l'administration entière. On peut le regarder comme le nerf principal du corps de l'État, qui peut seul donner l'impulsion à toutes ses parties. Par le tribut, le peuple contribue à sa propre conservation; il donne une partie de ses biens pour assurer le reste, avec sa liberté et son repos : le tribut remet enfin le sort de l'État dans les mains des citoyens.

D. C'est donc un devoir suprême que de le remplir avec exactitude?

R. Il est aussi impérieusement demandé par la patrie, puisque la conservation du corps social en dépend, que l'est le sacrifice de notre vie, lorsqu'il s'agit de défendre l'État.

D. Ceux qui sont chargés de recueillir le tribut ou de le distribuer dans les divers canaux de l'administration, doivent, d'après cela, être asservis à de grands devoirs?

R. Le tribut étant un objet d'abord sacré, puisqu'il est en général le fruit des travaux et des sueurs du peuple, le devient bien plus fortement, puisqu'il est le soutien du corps politique. Le trésor de l'État doit être considéré comme l'arche sainte, à laquelle on ne peut toucher sans profanation et sans encourir toutes les peines. Le violateur est digne de tous les supplices : on ne peut céler que la triste destinée des empires n'ait dépendu de ces violations dans les temps modernes. Enfin la règle fondamentale sur le tribut tient à la conservation de l'État, à l'amour de la patrie, et l'on n'est point citoyen si l'on cherche, en quelque manière que ce soit, à s'affranchir de ce devoir.

OBSERVATION.

Nous allons présenter maintenant le Gouvernement institué ; et, comme le système représentatif, différent de celui de la monarchie simple ou absolue, qui confond les droits et toutes les attributions dans la personne du Prince, sépare sous certains rapports cet intérêt personnel de celui du Gouvernement ou de la grande administration exécutive, et porte toute responsabilité, même morale, sur cette dernière, nous exposerons dans un premier chapitre les droits particuliers du prince, et dans un second nous montrerons dans la personne publique du gouvernement les droits de la puissance exécutive.

Enfin nous n'examinerons point si cette distinction et division de droits borne la puissance et l'action naturelle de la royauté, et si l'équilibre entre les droits du Prince et ceux de l'administration suprême est parfait dans cette sorte de gouvernement ; ce serait examiner la nature entière du système représentatif : le principe existe ; il est constitutif, il doit être respecté, et tout doit s'y coordonner.

CHAPITRE IX.

*De l'inviolabilité de la personne du Prince, de
l'amour, du respect que lui doivent ses sujets,
et du droit de légitimité de la dynastie.*

D. Sur quoi s'établit le principe de l'inviolabilité de la personne du Prince ?

R. Sur le grand principe qui garantit la sûreté
publique, en rendant invincible celui qui représente l'autorité et lui donne son impulsion et
son appui. Cette inviolabilité est inhérente à
toutes les formes du gouvernement monarchique, même aux républiques, à l'égard de leurs
suprêmes magistrats. Dans la conservation de la
personne du prince se trouve le garant de la
tranquillité de l'État. Sans ce principe tout serait
confusion, désordre, anarchie, et aucun gouvernement n'aurait ni existence fixe ni stabilité,
puisque sa sûreté pourrait être à chaque instant
compromise. En outre, en considérant les mal-
heurs qui affligent un État lorsque le gouverne-

ment change de chef à cause de la fermeté d'une autorité dès long-temps établie, et de la faiblesse d'un règne naissant, on reconnaît d'autres avantages dérivant de ce principe, et l'on découvre combien la conservation de la vie du prince est précieuse à l'État.

D. Veiller à la conservation de la personne du prince est donc un suprême devoir?

R. Oui; l'amour pour la patrie lui donne l'importance la plus grande, et le rend sacré; et la fidélité et l'obéissance le commandent impérieusement. Un bon sujet s'expose à tout pour garder le prince; ceux qui ont négligé ce devoir consacré par tous les peuples, ont toujours été jugés dignes de mort.

D. Quelle est donc la peine réservée à ceux qui osent conspirer contre sa vie?

R. Il n'est point de supplice qu'ils ne méritent; c'est assassiner le peuple entier que de conspirer contre le prince; c'est commettre l'attentat le plus exécrable et le plus susceptible de l'animadversion des hommes, c'est porter atteinte à la divinité même qui est garante de la puissance légitime. Ce n'est que dans des siècles odieux par leur immoralité, ce n'est que lorsque l'athéisme, l'égoïsme, et tous les vices destructeurs de l'harmonie sociale et de l'humanité sont triomphans, et ont anéanti dans l'homme tout ce qui le cons-

titue moralement, qu'on a pu voir de tels mons-
tres.

D. Comment envisagez-vous le respect pour
le prince?

R. Le respect le plus absolu est commandé
aux sujets pour tout ce qui le concerne, puisqu'on ne peut révérer ce qu'on ne respecte
point; et la vénération est indispensable envers
celui qui tient les rênes de l'État, et qui est le
dépositaire des lois. Livrer le prince au mépris,
c'est y livrer la loi elle-même; c'est détruire les
liens moraux qui doivent unir le peuple au gouvernement, dont le prince est l'invariable chef;
c'est rendre enfin l'obéissance difficile et pres-
qu'impossible, quand même le peuple porterait
le plus grand attachement à l'État.

D. Quelle est l'influence de l'amour du peuple
sur le prince?

R. Cet amour du peuple a pour effet d'exciter
l'amour du prince à l'égard de ses sujets, et il rend
le prince capable de tout pour opérer leur salut
et leur prospérité, lorsqu'il est assez éclairé pour
savoir que son pouvoir est affermi, quand cet
amour existe. Alors, confiant en sa propre force,
et entraîné par l'exaltation que ce sentiment pro-
duit naturellement en lui, le monarque s'iden-
tifie, pour ainsi dire, avec son peuple, et il n'est
pas de soins et de sacrifices que ne puisse faire un

prince raisonnable pour nourrir ce sentiment et
le conserver : cet amour est à son égard une puissance morale suprême, plus forte que son intérêt même, et qui seule peut lui faire vaincre ses
passions ; enfin, il métamorphose en quelque
sorte sa nature. Les exemples de tous les rois qui
ont possédé cet amour, ont démontré la vérité
de ce principe.

D. Spécifiez-nous tous les avantages qui peuvent naître, pour le peuple, de cet amour ?

R. Il force le prince à être doux, clément,
à respecter les lois qui limitent son pouvoir, et
il devient ainsi favorable au peuple. Cet amour
rend à celui-ci l'obéissance agréable ; sa confiance dans son sort est affermie ; cette confiance
si utile excite son émulation ; elle lui fait faire
noblement tous les sacrifices à la patrie, et sa
prospérité et sa gloire en sont toujours les effets.

D. Les droits du prince se bornent-ils,
dans le système représentatif, à l'inviolabilité et
et aux droits purement moraux que vous venez
d'indiquer ?

R. Le prince possède encore celui de la clémence, qui atténue l'effet de la loi et désarme
la justice ; droit précieux, qui forme le plus bel
attribut de la royauté, qui constitue seul sa grandeur, en lui donnant la dictature suprême, et qui
peut rendre, enfin, le prince égal à la Divinité,

s'il est employé dans le sens de la bienfaisance légitime , c'est-à-dire à l'égard des êtres qui ont attiré le courroux des lois , plus par ignorance ou imprudence , que par volonté.

D. La succession au trône n'est-elle pas un droit particulier de la royauté?

R. C'est ce qu'on a nommé la légitimité de la dynastie. Elle tient à l'essence du Gouvernement dans la monarchie. Elle consiste à garantir à la famille régnante l'hérédité de la couronne ; et cette légitimité , en raison des éminens avantages qu'elle procure, rend le Gouvernement où elle est reconnue, supérieur à tous les autres.

D. Faites-nous connaître ces avantages ?

R. Cette légitimité évite les cabales , les intrigues , les agitations diverses et les révoltes même dans les changemens de règne, et prévient l'existence des factions qui se montrent toujours , et entretiennent dans l'État une fermentation contraire à l'ordre et au bien public ; lorsque ce droit d'hérédité n'est point fixé invariablement. Dans ce dernier cas , le principe de l'autorité se trouve détruit , et l'on peut dire que le Gouvernement n'existe point alors , ou qu'il est dans une perpétuelle anarchie. Enfin , le Gouvernement monarchique ne peut être affermi que lorsque cette légitimité est affermie et immuable elle-même.

D. Existe-t-il d'autres avantages provenant de cette légitimité?

R. Oui : elle force le souverain à ménager son héritage, à assurer l'ordre et la paix dans l'État, et à respecter la liberté publique, par la raison que le sort de l'État et celui de sa famille n'auraient sans cela aucune stabilité.

CHAPITRE X.

Du Gouvernement, considéré comme personne morale et puissance exécutive dans le Gouvernement représentatif.

D. En quoi consiste son autorité ?

R. Quoique le Gouvernement ne possède point la plénitude de la puissance dans le système représentatif, puisqu'il n'a qu'une portion du droit législatif suprême, ses droits et ses prérogatives sont immenses, dès que le repos, le salut et la gloire de l'État sont en ses mains, dès qu'il donne aux lois leur action et leur appui, et qu'il est le dépositaire de la force et de la fortune publiques.

D. Mais son autorité a-t-elle la même force et la même immutabilité que dans la monarchie simple ou absolue ?

R. Oui ; parce que l'État serait en danger si cette autorité était un seul moment instable, et si elle n'était toute-puissante, parce qu'enfin, s'il y avait dans l'État une puissance capable d'arrêter ou de balancer la puissance publique, l'anarchie existerait, et il n'y aurait plus de Gouvernement, et par là même de sûreté. Je dirai plus; on ne peut servir l'État dans ce système, comme dans tout autre, qu'en obéissant exclusivement au Gouvernement; sans cela, les lois sont violées, l'ordre établi est dérangé, et la paix publique est troublée.

D. Indiquez-nous plus positivement la borne des droits du Gouvernement et de ses devoirs?

R. Le Gouvernement est dans la ligne de ses attributions et de ses devoirs, lorsque les lois sont promptement et fidèlement exécutées; si dans son organisation partielle il n'altère point la constitution générale pour affermir la sienne, et s'il n'attire à lui que le degré de force qui lui convient pour garantir la sûreté commune.

D. L'exécution pure et simple des lois, et le respect des lois fondamentales, forment-elles les seules règles?

R. Non; il doit faire en sorte que les lois ne soient ni méconnues ni déconsidérées, et diriger l'opinion dans le sens le plus favorable pour que l'exécution en soit facile; ce qui embrasse une infinité de mesures et réglemens secondaires. Toutes les lois ont besoin de son impulsion, ainsi que toutes les institutions qui tendent à former le complément de la civilisation; et il doit diriger, en outre, l'esprit du peuple vers l'union, l'harmonie et l'ordre. La police de l'État, qui tend à prévenir les crimes, la désobéissance et les révoltes, exige de lui les plus grands soins : le maintien de la discipline militaire, sans laquelle il ne peut exister de constitution, comme nous l'avons dit précédemment, doit fixer sa constante sollicitude. La conservation des finances de l'État lui commande une surveillance permanente et active, et celle qui tend à la sûreté, concernant l'étranger, ne doit pas être moins grande : il a à défendre et à maintenir de ce côté, par sa prévoyance, sa sagesse et sa fermeté, l'indépendance, la dignité de l'État et son rang extérieur ; enfin, la conservation et la gloire de l'État étant son but, il ne doit rien négliger de ce qui y a rapport, et ce principe est la règle invariable de toutes ses actions.

Voilà ce qui fait que la tâche d'un Gouvernement est immense, ce qui la rend si difficile, si pénible et même si dangereuse, en raison de la grande responsabilité morale qu'il prend, surtout dans les siècles où les mœurs sont plus fortes que les lois ; c'est-à-dire, lorsque l'intérêt particulier l'emporte dans l'esprit des citoyens sur l'intérêt de l'État. Voilà ce qui devrait porter les peuples à la circonspection concernant les jugemens partiels qu'ils portent des Gouvernemens ;

voilà, enfin, ce qui devrait arrêter les hommes présomptueux, qui, ne calculant jamais leurs forces, et séduits par l'auréole de grandeur dont on a dû entourer les chefs des Gouvernemens, sont toujours enclins à briguer ces rangs, où ne peut se soutenir avec honneur que la sagesse consommée, c'est-à-dire les hommes prudens, éclairés et entièrement dévoués. Nous devons ajouter que celui qui remplit dignement la tâche d'un bon gouvernant et d'un vrai ministre, qui est celle que nous avons indiquée, mérite l'admiration universelle des hommes.

D. D'après la définition que vous avez donnée de l'autorité du Gouvernement, il n'est donc pas permis de censurer ses actes ?

R. Dans les Gouvernemens représentatifs, les deux corps formant des sections indépendantes du pouvoir législatif, ont le droit d'exercer une censure permanente envers la puissance exécutive; mais cette censure ne peut être pleinement autorisée, si elle ne repose sur la base constitutionnelle et sur l'application, dans le doute d'interprétation, sur les principes constitutifs et primordiaux; et enfin si des désordres dans l'État, préparés par l'impéritie, la négligence ou la mauvaise foi des ministres ne justifient les sollicitudes et les attaques de ces corps. Lorsqu'ils censurent légalement l'administration, ils représentent une partie du Gouvernement ; c'est, pour ainsi, dire sa propre conscience qui agit ; et, dans ce cas, leur but est utile, puisqu'il tend à maintenir les règles du Gouvernement légitime, et à arrêter le Gouvernement dans ses usurpations : lorsque ces corps ne sont pas autorisés par la violation des grands principes ou par des faits positifs, qui signalent celle des lois de la part du Gouvernement ; lorsqu'enfin les passions ou l'esprit de parti dirigent leurs opinions, ils sont dans le cas du peuple qui se révolte ; ils arrêtent l'action du Gouvernement et entraînent le désordre *. De quelque côté que la censure soit exercée, soit de la part du peuple, soit de celle des grands corps de l'État, on doit examiner les actions du Gouvernement avec la réserve la plus scrupuleuse, en observant les difficultés qu'il y a à rendre ces censures justes et raisonnables. Lors-

---

* Dans un État où existe la liberté de la presse, il est permis aux écrivains de discuter sur les principes secondaires de l'administration, d'examiner les actes publics et d'en faire l'application aux règles primitives ou à l'histoire, pour leur donner l'appui de l'expérience, pour montrer la nullité ou le peu d'efficacité de ces actes, ou pour les rattacher davantage au système constitutif, et leur donner une plus grande force légale. Mais ils ne peuvent, sans compromettre l'intérêt public, attaquer la constitution établie et les autres lois, dès qu'elles sont proclamées. Enfin, les écrivains comme les citoyens, doivent considérer sur toutes choses, la nécessité de ne point affaiblir l'influence du gouvernement, influence si précieuse en tous les temps ; puisqu'elle maintient la force nécessaire de l'administration, et parce que, si elle est un moment im-

qu'on ne connaît pas bien les motifs secrets du Gouvernement, on est sujet à mal interpréter ses motifs et ses intentions. Par exemple, dans les occasions où la politique extérieure lui commande de faire des manifestations qui ne sont pas celles de son vrai système, afin d'empêcher des alliances défavorables, des coalitions dangereuses, ou d'autres unions étrangères qui peuvent être contraires aux grands intérêts de l'État. Je ferai la même application à ces circonstances où il est forcé de cacher la vérité au peuple, pour ne point exciter ses craintes et son désespoir, et pour ne pas donner aux factieux des motifs d'espérance, d'encouragement, et des mobiles d'audace. On doit considérer encore qu'il est des positions où le Gouvernement doit suspendre les plus grands actes de justice,

puissante, l'État est en péril. J'ajouterai, pour ce qui regarde l'étranger, que les écrivains ont le droit d'examiner un acte diplomatique public dans les rapports de l'intérêt de leur pays et de la société générale, et de signaler les violations de la morale diplomatique et celles des principes du droit public reçu, lorsque les gouvernemens les exercent. Une telle critique, quand elle est fondée sur la raison et la vérité, ne peut entraîner une opinion défavorable contre l'État qui les tolère, de la part des peuples ni des gouvernemens, parce qu'elle leur est, dans ce cas, utile, en les éclairant sur leurs erreurs. Il n'entre point dans mon sujet d'indiquer le degré d'indépendance des écrivains lorsqu'ils traitent des mœurs des peuples, ou de l'histoire proprement dite; je n'ai dû indiquer que ce qui avait un rapport direct avec la politique.

si le maintien de l'ordre public l'exige impérieusement, puisqu'alors il se règle sur la maxime incontestable que le salut du peuple et la sûreté de l'État sont la loi suprême. Je dois ajouter qu'on voit souvent un peuple confondre une violation de simple police avec celle des lois; supposer ainsi l'arbitraire de la part du Gouvernement, et qu'il est essentiel de bien faire cette distinction, les conséquences étant différentes et la responsabilité du Gouvernement ne pouvant être la même.

D. Quelles sont les autres garanties du peuple dans ce Gouvernement?

R. Elles se trouvent, comme il a été déjà dit, dans la soumission aux lois, auxquelles la puissance exécutive est asservie dans tout Gouvernement légitime, et dans celle qui est uniquement propre au système représentatif; c'est-à-dire, la responsabilité politique et individuelle des ministres; responsabilité que les corps législatifs ont toujours le pouvoir d'exercer dans le cas de grande violation, même en l'absence de la loi positive qui doit la déterminer, puisqu'elle est inhérente au système; mesure, enfin, à laquelle le monarque s'associe naturellement, parce qu'il est de son intérêt que les lois fondamentales ou particulières ne soient jamais violées, et que l'ordre et l'harmonie soient ainsi maintenus.

On peut conclure, d'après ces dernières considérations, que, dans un Gouvernement représentatif, où les Chambres surveillent sans cesse le ministère, la nation peut, en s'isolant de ses intérêts politiques principaux, vivre en paix et sécurité, dès qu'elle saura s'assurer, dans les élections, les vertus, les lumières et la sagesse de ses représentans.

CONCLUSION.

En montrant au peuple, dans cette série de principes, la base de l'union sociale, la fin de tout gouvernement et le but des lois, en lui faisant envisager les principes constitutifs des gouvernemens, c'est-à-dire la religion et la justice, comme tenant à la loi naturelle, ayant par conséquent la garantie de la divinité et une influence universelle et absolue, et en lui présentant les véritables droits et attributions du culte, nous croyons avoir donné une direction nouvelle à ses idées concernant la religion et la politique, et par là même, une action plus forte et plus générale à ses devoirs, et nous pensons avoir jeté les fondemens de cette obéissance morale qui fait l'appui principal de l'opinion, et dont l'effet peut être si important, puisque cette obéissance indique l'anéantissement des préjugés qui ont divisé si long-temps les nations et les membres des peuples entre eux, en présentant faussement les rapports de la religion et de la politique.

En consacrant à ses yeux l'amour de la patrie et les devoirs qu'il impose, nous avons établi évidemment dans son esprit le principe d'harmonie si utile pour le maintien des États.

En lui montrant les règles de la puissance militaire et les dangers auxquels cette puissance expose l'État lorsqu'elle sort des bornes de son attribution, et s'attache trop directement à la politique, nous avons sappé un préjugé funeste, dont on a vu les déplorables effets dans des époques encore récentes.

En lui faisant connaître les droits particuliers du prince, nous avons rapproché naturellement son cœur du monarque; nous avons développé avec plus de force le germe de vénération et d'amour que lui doivent ses sujets, et nous avons cherché à former, entre le monarque et la nation, cet accord de sentimens qu'on peut nommer sublime, qui rend les sacrifices des deux côtés agréables, et qui contribue si puissamment à la prospérité commune.

En signalant les droits de l'autorité établie et son influence utile ; en faisant entrevoir toute la grandeur de l'œuvre d'une bonne administration, et combien la coopération générale est nécessaire pour qu'elle soit telle, nous avons rendu les devoirs du peuple plus grands et plus imposans à ses yeux, et l'obéissance plus respectable. En exposant l'énormité des devoirs du gouvernement, et montrant les obstacles qu'il rencontre toujours sur sa route, et la grandeur des efforts qu'il doit employer pour les surmonter, nous croyons avoir non-seulement détruit, dans le peuple, l'esprit d'insoumission, mais l'avoir mis à même de ne porter que des jugemens équitables à l'égard de son Gouvernement, et avoir contribué à former l'union et l'harmonie qui doivent exister entre ce dernier et la nation, pour que l'État soit paisible et florissant.

En montrant, d'un autre côté, que la fausse appréciation des droits et devoirs réciproques du peuple et du Gouvernement mettent le premier dans la situation déplorable, où il n'a aucune fixité dans son opinion, aucune consistance dans ses vues, et aucune uniformité dans ses actions ; situation qui le rend l'intrument et le jouet des ambitieux, et l'entraîne vers l'anarchie, nous avons cherché à le placer dans la position favorable où il envisagera avec prudence, réflexion et persévérance ces rapports divers, et où il s'affranchira de cette apathie et de cette indifférence qui l'empêchent de tirer de sa raison ses ressources naturelles, et qui nuisent essentiellement à l'acomplissement de ses devoirs.

Enfin, en lui prouvant que tous les objets qui constituent les rapports que nous venons

d'indiquer tiennent à sa sûreté, au maintien de
de ses intérêts physiques, à sa gloire et à son
bonheur, nous avons préparé la formation d'un
esprit public, fondé sur ses véritables bases.

Nous renfermant entièrement dans le plan
que nous nous sommes tracé, nous n'entrerons
point ici dans l'importante discussion à laquelle
semblait nous entraîner naturellement ce que
nous avons dit des grands principes moraux.
Nous observerons seulement à ceux qui sont
chargés du maintien des destinées de l'État, que
nous avons indiqué, dans ces importans objets,
les types uniques et invariables de la véritable
organisation sociale. D'un autre côté, nous in-
viterons les écrivains à abandonner les systèmes
orgueilleux pour travailler plus directement à
l'instruction du peuple, en leur rappelant que
la simplicité fit le fondement de toutes les doc-
trines utiles de l'antiquité; et nous finirons par
le vœu naturel aux vrais français, celui de voir la
nation entière parvenir à un véritable degré d'instruction politique, puisque c'est seulement dans
cette situation que pourra s'opérer la renaissance
morale que ses sentimens et ses vertus doivent
déterminer, et qu'elle obtiendra les garanties im-
muables de gloire et de prospérité.